ЯКА ЧУДОВА
моя мама

MY MOM iS
awesome

Шеллі Едмонт
Ілюстратор: Емі Фостер

www.kidkiddos.com
Copyright©2014 by S. A. Publishing ©2017 by KidKiddos Books Ltd.
support@kidkiddos.com

First edition

Translated from English by Veronika Yadukha
Переклад з англійської: Вероніка Ядуха
Ukrainian editing by Marina Boot
Редагування українською мовою Марини Бут

Library and Archives Canada Cataloguing in Publication
My mom is awesome (Ukrainian English Bilingual Edition)/ Shelley Admont
ISBN: 978-1-5259-6270-7 paperback
ISBN: 978-1-5259-6271-4 hardcover
ISBN: 978-1-5259-6269-1 eBook

Please note that the Ukrainian and English versions of the story have been written to be as close as possible. However, in some cases they differ in order to accommodate nuances and fluidity of each language.

Моїм чудовим дітям

For my awesome kids

Привіт, це я, Ліза.

Hi, it's me, Liz.

А ви знаєте, що моя мама чудова?

Did you know my Mom is awesome?

Це справді так. Вона розумна і весела, сильна і спокійна, добра та красива— вона надзвичайна.

Well, she is! She is smart and funny, strong and patient, kind and beautiful — she's amazing!

— Добрий ранок, сонечко! Час прокидатись, — чую ніжне шепотіння на вушко.

"Good morning, sunshine! It's time to rise!" I hear a soft whisper in my ear.

Це моя мама будить мене.

That's my mom, waking me up.

Вона ніжно цілує мене мільйон разів та міцно обіймає, але я ніяк не можу розплющити мої сонні очі.

She gives me a million gentle kisses and hugs me tight, but I still cannot open my sleepy eyes.

— Мамусю, я хочу спати, — тихо буркочу я. — Ще хоч хвильку, будь ласка.

"Mommy, I want to sleep," I mutter quietly. "Just for one more minute, please."

Вона знову і знову мене цілує, та це не допомагає.

She kisses me more and more, but it doesn't help.

Тоді вона саджає мене на спину і несе мене у ванну. Вона така сильна, моя мама.

So she gives me a piggyback ride to the bathroom. She is so strong, my mom.

Вона все цілує та лоскоче мене доки я не починаю заливатися сміхом.

She keeps kissing and tickling me until I start laughing hard.

Я розплющую одне око і дивлюся на неї.
Opening one eye, I look at her.

— У тебе нова сукня? Маєш такий гарний вигляд! — вигукую я і вже зовсім прокидаюсь.

"Is that a new dress? You look so pretty!" I exclaim and wake up right away.

Мама посміхається. Вона справді дуже красива. Мені подобаються її сукні, туфлі, а ще її зачіска.
Mom smiles. She is really beautiful. I like her dresses, her shoes, and how she does her hair.

— Заплетеш мені сьогодні волосся якось гарненько? — запитую я з промінчиком надії в очах.
— Пам'ятаєш, вчора в телевізійному шоу ми бачили косички, можеш зробити щось подібне?
"Can you make me something fancy today?" I ask, a glimmer of hope in my eyes. "The braid we saw yesterday on the TV show, can you do something like that?"

Я знаю, що вона може зробити що завгодно. Моя мама пречудова.
I know that she can do anything. My mom is awesome.

Навіть якщо спочатку вона не знає як щось робити, вона продовжує спроби, доки у неї не вийде. Вона ніколи не здається.
Even if she doesn't know how to do something at first, she continues to try until she succeeds. She never gives up.

— Легко! — каже вона. — Ходи сюди!

"Piece of cake!" she replies. "Come here!"

Мама крутить та переплітає моє волосся, і тепер гарна коса обвиває мою голову.

My Mom twirls and weaves my hair until it's a beautiful braid running behind my head.

Я так хвилююся як йтиму до школи з новою зачіскою. Можу вже уявити реакцію моїх друзів. Я впевнена, що Емі буде у захваті.

I'm so thrilled to go to class with my new hair. I can already imagine my friends' reactions. I'm sure Amy will love it.

— У тебе така крута зачіска! Я бачила таку ж вчора по телевізору! — підстрибує Емі від радощів. — Хто тебе заплітав?

"Your hairstyle is so cool! I saw the same one on TV yesterday!" Amy jumps with excitement. "Who made it?"

— Моя мама, — кажу пишаючись.
"My mom!" I say proudly.

Поки Емі роздивляється мою зачіску ближче, все більше і більше дівчат підходять подивитись.

As Amy starts exploring my hairstyle closely, more and more girls join her.

— Це перевернута коса! — проголошує Емі за кілька хвилин. — З обертом!

"It's a reversed braid!" Amy announces, after a couple of minutes. "With a twist!"

Я чую інші голоси. «Дуже круто!» «Виглядає досить складно». «Напевно, довго її плести!»

I hear other voices. "It's so cool!" "It looks complicated!" "It probably took a lot of time!"

Згодом Емі питає: «А ти можеш запитати свою маму, чи навчить вона мою маму плести таку косичку?»

Finally Amy asks, "Can you ask your mom to teach my mom to make this braid?"

— Звісно! Вона...— Я почала казати, але дзвінок мене перебив і до класу зайшов містер З.

"Sure! She..." I start to say, but the bell interrupts me and Mr. Z enters the class.

Зазвичай математика мені подобається, але сьогодні це щось жахливе.

Usually I love math, but today it's just terrible.

— Ми будемо вчити дроби, — каже містер З і заповнює дошку дивними кресленнями.

"We are going to learn about fractions," says Mr. Z, while filling the board with strange drawings.

Чому це так складно? Половина, третина та чверть... голова скоро вибухне.

Why is it so complicated? Halves, thirds and fourths ... my head is going to explode.

Та я не опускаю рук, запитую, точно як зробила б моя мама.

I don't give up though; I ask questions, exactly like my mom would do.

Містер З. пояснює ще раз, а потім показує нам смішне відео про дроби.

Mr. Z explains one more time and after, he shows us a fun video about fractions.

— Далі ми гратимемо в гру, — оголошує він. — Будемо шукати дроби в нашому класі.

"Next, we'll play a game," he announces. "We'll find fractions in our classroom."

Дроби насправді можуть бути веселими.

Fractions can actually be really fun.

Та моя улюблена частина цього уроку, коли містер З роздав нам маленькі різнокольорові драже, а ми ділили їх за кольором.

But my favorite part of this class is when Mr. Z gives us small colorful jellybeans. We divide them by color.

Думаю, що тепер я розумію дроби значно краще, та я досі не дуже впевнена у всіх тих дивних цифрах.

I think I understand fractions much better now, but I still don't feel comfortable with all these strange numbers.

На перерві ми з Емі біжимо до нашого улюбленого місця для ігор —дитячого турніка. Мені подобається залазити на нього та висіти головою донизу.

At recess Amy and I run to our favorite place to play. The monkey bars! I love to climb up and hang upside-down.

Та сьогодні, поки я бігла до турніка, якось мої джинси зачепитися за кущ та порвалися прямо на коліні.

But today on my way to the monkey bars, somehow my jeans get caught in a bush and tear right on my knee.

Я майже розплакалася. «Це ж мої улюблені джинси. Дивись, яка величезна дірка».

I almost burst into tears. "These are my favorite pair of jeans. Look, the tear is huge."

Я така засмучена. Відчуваю, що от-от заплачу, але дуже намагаюсь себе стримати.

I'm so upset. I feel like crying but I try very hard not to.

Я лише хочу, щоб моя мама була зараз зі мною і сказала, як завжди: «Все буде добре, солоденька. От побачиш».

I just want my mom to be here now and say to me, as always, "Everything will be okay, sweetie. You'll see."

Нарешті я вдома, а мама повернулася з роботи. Вона завжди розуміє що я відчуваю.

Finally I'm home and Mom's back from work.
She always understands what I feel.

— Як пройшов твій день, солоденька? — запитує вона ласкавим голосом. Мама обіймає мене та розпитує, поки я їй все не розповім.

"How was your day, sweetie?" her voice full of care.
She wraps me in her arms and continues asking
questions until I share everything with her.

Я розповідаю все про дроби, дірку на джинсах та яка я розчарована.

I spill to her all about fractions, the tear in my jeans
and how frustrated I feel.

Мама завжди знає як вирішити будь-яку проблему.

Mom always finds a solution to any problem.

— Чим ти бажаєш закрити дірку? Сердечком чи зіркою? Звичайно, я обираю велике рожеве сердечко.

"What shape do you want to cover your tear? Heart or star?" Of course I choose a large pink heart.

Вона нашиває латку у формі сердечка на порвані джинси і тепер ніхто не помітить, що там була дірка.

She sews a heart-shaped patch over the hole on my torn jeans, so no one will notice the hole underneath. How cool is that?

— О, дякую, матусю, — викрикую я від щастя. — Джинси тепер мають дуже стильний вигляд. Нумо ще одну латку нашиємо!

"Oh, thank you, Mommy," I exclaim happily. "These jeans look so fancy now. Let's put another patch here!"

Ми разом створюємо мій новий крутий образ.
We work together and design my new cool outfit.

Ми нашили два менших сердечка на джинси та одне більше сердечко на мою футболку.
We sew two smaller heart patches on my jeans and one larger heart on my T-shirt.

— Поглянь, тепер у тебе нові джинси та футболка, що до них пасує, — каже мама.
"Look, now you have new jeans and a matching T-shirt," she says.

— Мамо, ти моя героїня! — промовляю я та міцно її обіймаю.
Ми разом починаємо голосно сміятися.
"Mom, you're my hero!" I announce, hugging her tight.
We both start laughing loudly.

Потім вона заводить мене до кухні.
— Саме час для чогось солодкого. Давай робити кекси. Але для цього нам знадобляться дроби.
Then she pulls me into the kitchen. "It's a time for something sweet. Let's make cupcakes. But we need to use fractions in order for this to work."

— Не переймайся, — каже мама лагідно.
— Зробимо це разом.

"Don't be afraid," Mom says softly.
"We'll make it together."

Я глибоко вдихаю та відкриваю мамину кулінарну книжку.

I take a deep breath and open Mom's big cooking book.

— На п'ять кексів потрібно взяти чверть чашки борошна, — читаю я.

"For five cupcakes you'll need a quarter cup of flour," I read.

— Будемо робити п'ятнадцять кексів, також для тата, — каже мама,— тож потрібно взяти....

"We'll make fifteen cupcakes, for Daddy also," Mom says, "so we need..."

— Три чверті чашки борошна! — викрикую я з радістю. — Це легко.

"Three quarter cups of flour!" I exclaim happily. "It's easy!"

Ввечері мама вкладає мене у ліжко, накриває моєю ковдрою у вигляді метелика та говорить: «Я тебе люблю, гарбузику».

When the evening comes, Mom tucks me in my bed, covers me with my butterfly blanket and says, "I love you, pumpkin."

— Я люблю тебе, матусю, — шепочу я та позіхаю, мої очі закриваються. Я думаю про те, який був чудовий день і засинаю.

"I love you, Mommy," I whisper with a big yawn fluttering my eyes shut. As I think about the wonderful day we had, I fall asleep.

Я прокидаюсь вранці, бо відчуваю теплі поцілунки на своєму обличчі та ніжний голос: «Добрий ранок, солоденька. Час прокидатися та посміхатися».

I wake up in the morning, because I feel warm kisses on my face and hear a gentle voice: "Good morning, sweetie. It's time to rise and shine."

Я ще не відкрила очей, але відчуваю що вона біля мене. Вона пестить моє волосся і це дуже приємно.

My eyes are still closed but I feel her near me. She strokes my hair and it feels wonderful.

Я люблю свою маму. Вона така чудова. Коли я виросту, то хочу бути точнісінько як вона!

I love my mom. She's awesome. When I grow up, I want to be exactly like her!

А ще, знаєш що? Твоя мама також чудова. Обов'язково обійми її, щоб вона знала, яка ж вона прекрасна!

And guess what? Your mom is awesome too. Make sure to give her a hug to let her know how amazing she is!

Lightning Source UK Ltd.
Milton Keynes UK
UKHW021022270422
402067UK00005B/21

9 781525 962707